A[illegible]re un bébé

Texte de Delphine Huguet
Illustrations de Charlotte Roederer

milan

Maya trouve ses parents bizarres en ce moment. Ils chuchotent en souriant et se taisent quand elle arrive. Ce matin, ils ont quelque chose à lui annoncer ! Surprise : maman attend un bébé. Maya va devenir grande sœur !

Maman est **enceinte**. Dans son ventre, qui va s'arrondir, le futur bébé va grandir. Pour l'instant il est tout petit, « de la taille d'un bonbon », explique maman. On l'appelle un **fœtus**.

Le ventre de maman n'a pas l'air de grossir. Maya a du mal à croire qu'un bébé se trouve à l'intérieur. Et s'il n'était pas là ? Maman la rassure : elle a fait un **examen** qui a prouvé qu'elle attend bien un bébé.

À l'abri dans une poche en bas du ventre, qu'on appelle l'**utérus**, le fœtus va peu à peu devenir un bébé. Son corps va **se développer**. Il sortira au bout de **neuf mois**, quand il sera prêt.

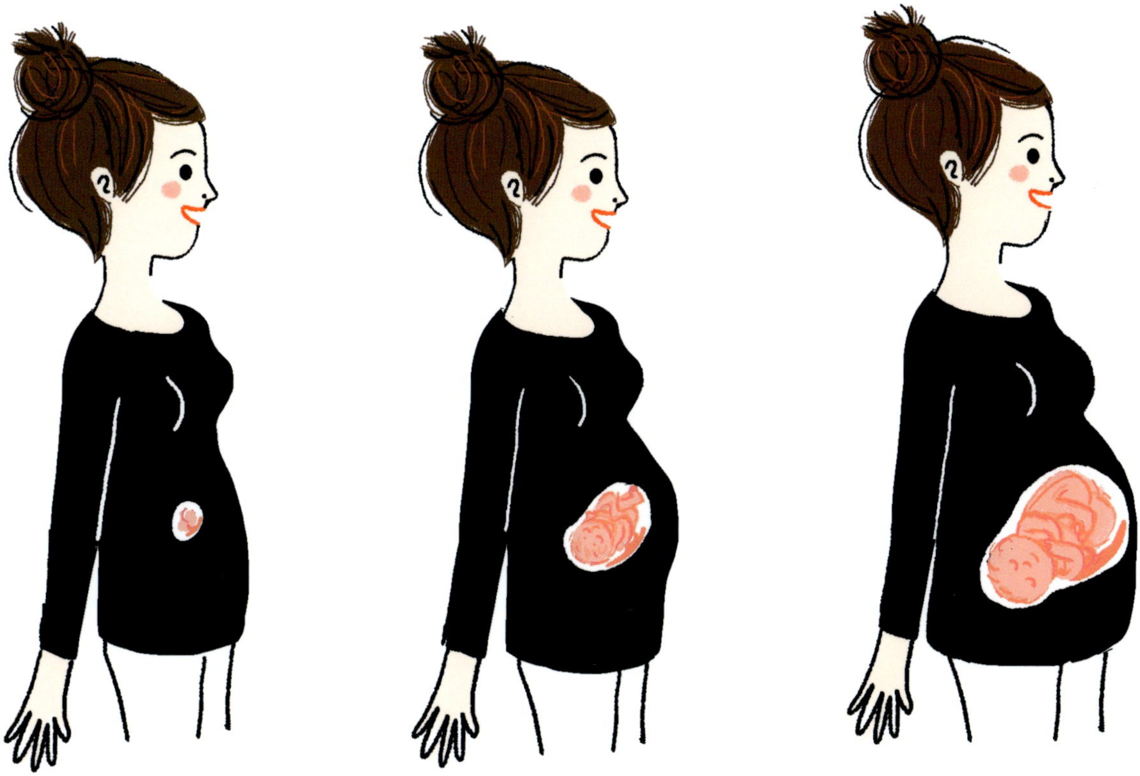

Ce week-end, mamie et papi emmènent Maya voir une exposition sur les bébés. « Je voudrais savoir comment le bébé est arrivé là », dit Maya.

L'animatrice explique que, pour faire un bébé, il faut que la graine de vie d'une femme, l'**ovule**, rencontre la graine de vie d'un homme, le **spermatozoïde**. Ces graines se trouvent dans les **ovaires** de la femme et dans les **testicules** de l'homme.

Pour que la rencontre entre les deux graines de vie ait lieu, l'homme et la femme **font l'amour** : un câlin géant où leurs deux corps s'unissent.

Le sexe de l’homme, le **pénis**, va déposer ses spermatozoïdes dans le **vagin** de la femme. Si l’un des spermatozoïdes rencontre l’ovule, c’est la **fécondation** : le début du bébé ! Mais ça n’arrive pas à chaque fois.

Au retour de l'exposition, la tante et l'oncle de Maya sont là. « Et toi, tata, tu ne veux pas avoir d'enfants ? », demande Maya. Sa tante lui explique qu'elle et son mari ont des difficultés à avoir un bébé. Alors, ils ont dû demander à un médecin de les aider.

Lorsque deux personnes n'arrivent pas à avoir un enfant, elles peuvent faire une PMA, une **procréation médicalement assistée**. Dans ce cas, la fécondation a lieu différemment, parfois hors du ventre de la maman.

Aujourd'hui, Maya est tout excitée : elle va en savoir un peu plus sur le bébé ! Ce matin, papa et maman sont partis faire une **échographie** : un peu comme une photo du bébé à l'intérieur de l'utérus.

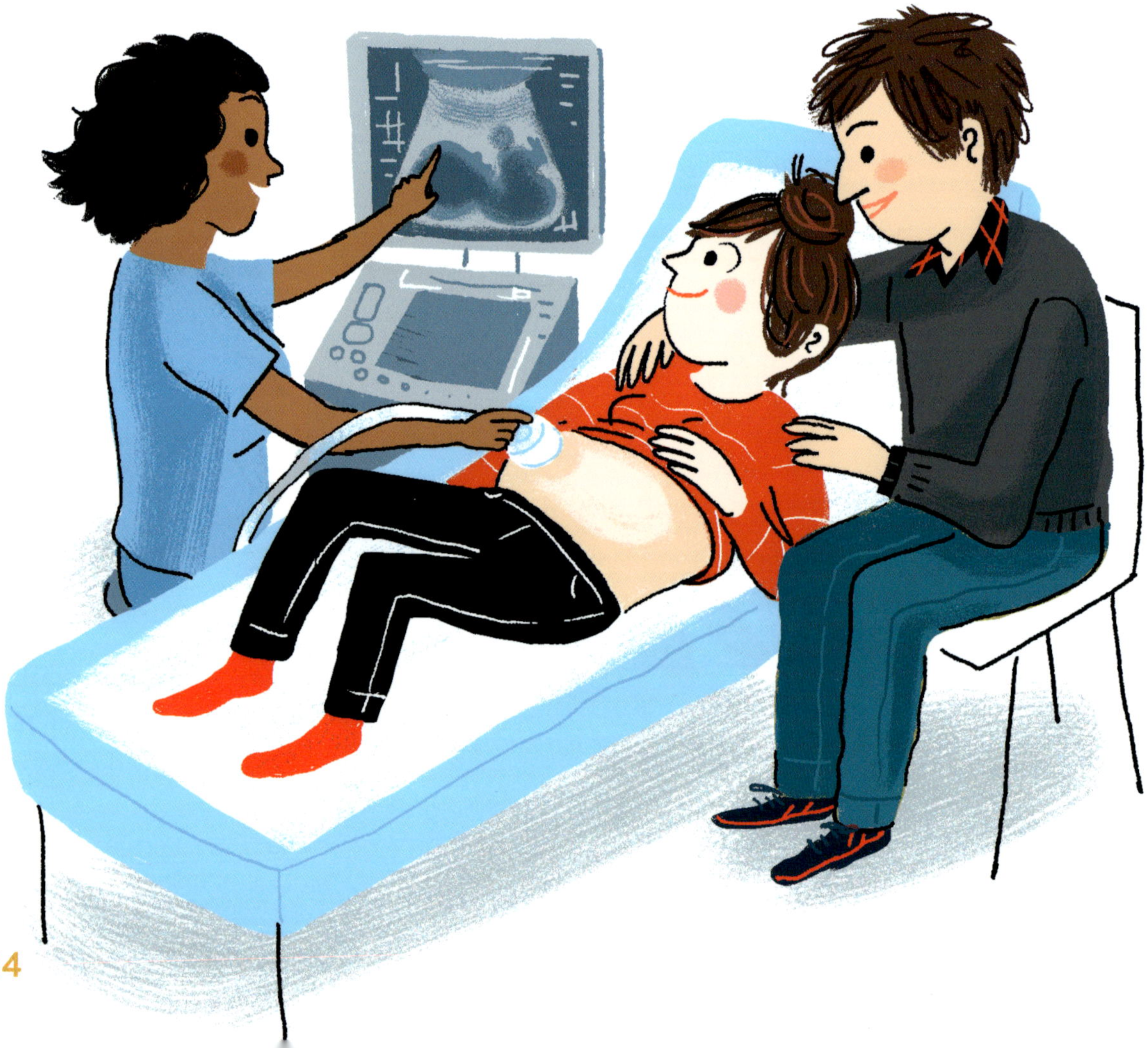

Grâce aux échographies, la médecin vérifie si le bébé va bien. Elle peut aussi regarder si l'utérus contient plusieurs bébés, comme c'est le cas pour les **jumeaux**. Cette fois-ci, elle a pu voir le **sexe** du bébé : ce sera une petite fille !

Parfois, Maya observe maman en train de manger. Le cornichon qu'elle dévore, est-ce que le bébé le mange aussi ? Maya aimerait bien le savoir...

La nourriture que mange maman est digérée, puis transformée : elle passe dans son sang et arrive jusqu'au **cordon ombilical**. C'est une sorte de tuyau qui relie la maman au nombril du fœtus. C'est aussi par là qu'arrive l'**oxygène** dont le fœtus a besoin pour vivre.

Pour Maya, c'est l'heure du bain ! Lorsqu'elle a la tête sous l'eau, Maya entend encore les bruits autour, mais en un peu moins forts et tout déformés.
« C'est la même chose pour le bébé », explique maman.

Le fœtus est plongé dans le **liquide amniotique**, qui le protège et lui donne assez d'espace pour bouger. Depuis ce bain tout chaud, il entend des sons, comme la musique, mais aussi les voix de maman, de papa et de Maya.

Depuis que maman est enceinte, tout le monde ne parle plus que du bébé. Maya se sent mise de côté. Elle **s'inquiète** : que se passera-t-il pour elle quand sa sœur sera là ?

Papa lui explique que, lorsque sa sœur naîtra, ils devront beaucoup **s'en occuper**, car elle ne saura rien faire toute seule ! Mais il dit aussi à Maya qu'ils auront toujours du temps pour faire plein de choses avec elle. Et, surtout, qu'ils l'aimeront toujours autant !

Surprise ! Maman vient chercher Maya à l'école !
D'habitude, c'est papa qui récupère Maya,
car maman travaille trop tard pour ça.

Comme le bébé va naître dans un peu plus d’un mois,
maman a arrêté de travailler pour se reposer.
Elle est en **congé maternité**.

C'est le grand jour : maman va **accoucher** !
Elle a des **contractions** : des douleurs dans le ventre qui montrent que le bébé va sortir. La tante de Maya est venue la garder pendant que ses parents filent à la maternité. « À plus tard, ma chérie ! », dit maman.

À la maternité, on s'occupe de maman. On l'installe dans une chambre, puis une sage-femme l'aide à faire sortir le bébé. Maman pousse fort, elle pousse encore… Cette fois ça y est, le bébé est **né** !

Mais, parfois, la naissance est plus compliquée. Lorsque le bébé n'arrive pas à sortir, on peut faire une **césarienne** : une petite ouverture dans le bas du ventre de la maman pour faire sortir le bébé.

Il arrive aussi que certains bébés naissent avant la date prévue : ils sont **prématurés**. Ils restent alors dans une **couveuse** : un petit berceau où ils se développeront jusqu'à ce qu'ils soient assez grands pour sortir de la maternité.

Maya rencontre sa sœur Léa pour la première fois !
Maya la prend dans ses bras. Elle est fière et impressionnée à la fois : « Qu'est-ce qu'elle est petite !
– Elle pèse trois kilos, comme un petit chat », lui dit papa.

À la naissance, un nourrisson est **minuscule** et **très fragile**. Pour vérifier que tout va bien, maman et Léa vont encore passer quelques jours à la maternité. Ensuite, Léa rejoindra son foyer, et la vie à quatre pourra commencer !

Découvre tous les titres de la collection

mes p'tits pourquoi

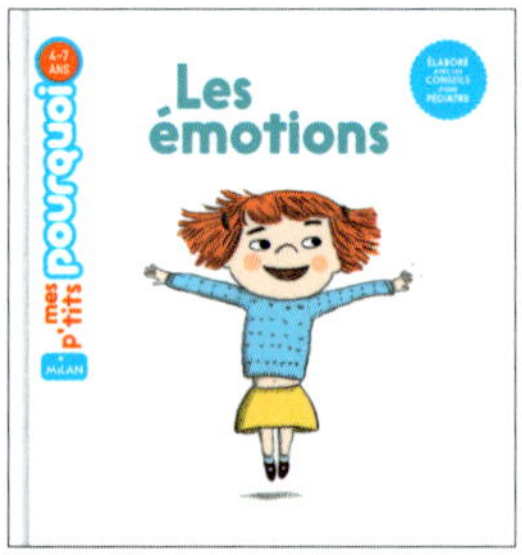

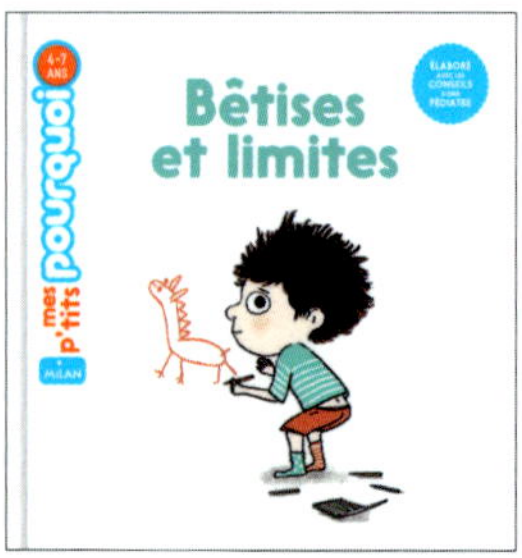

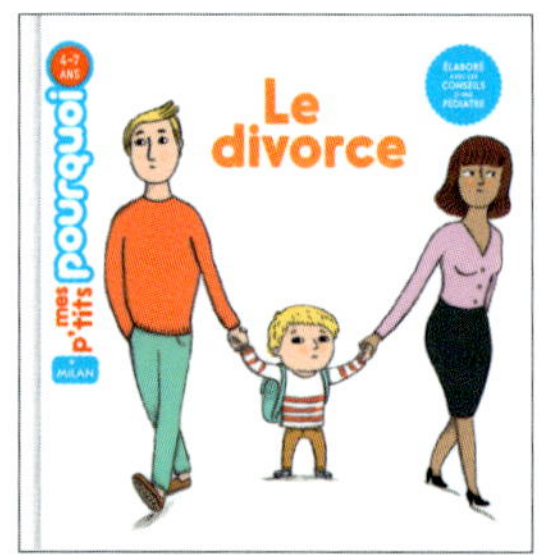